VfB Stuttgart-Fan

Druck und Bindung:
Sebald Sachsendruck, Plauen
1 2 3 4 5 01 00 99 98 97
Auflage Jahr
(jeweils erste und letzte Zahl maßgeblich)

ISBN 3-8231-1103-5

Dieses Buch wurde auf chlorfrei gebleichtem Papier gedruckt.

VfB Stuttgart-Fan

Ein fröhliches Fußballbuch für alle, die sich mit dem Verein für Bewegungsspiele in eine rosige Zukunft begeben wollen.

Von Thomas Haid
mit Zeichnungen von Thomas Plaßmann

TOMUS

Altlasten

A

Absturz Hoch gestiegen – tief gefallen. Nach dem Titelgewinn 1984 stürzte der VfB ein Jahr später auf den zehnten Platz ab. Gleich in der ersten Partie der neuen Saison in Kaiserslautern brach sich Nationalspieler Guido Buchwald den Knöchel. Der VfB ist tief gefallen, aber immer wieder hoch gestiegen.

Alptraum Verursacht Angstschweiß. Im Pokalfinale 1986 genügte ein Mann, um den VfB ins Schwitzen zu bringen. Roland Wohlfahrt erzielte beim 5:2-Erfolg der Münchner Bayern drei Tore. Das hätten sich die Stuttgarter Spieler nicht träumen lassen.

Altlasten Überbleibsel aus schlechten Zeiten. Für Rolf Fringer waren einige altgediente Spieler eine Last. Zum Entsorgen ist der Trainer im Sommer 1996 aber nicht mehr gekommen. Denn dafür war Fringer für den VfB-Präsidenten Gerhard Mayer-Vorfelder schon zu lästig geworden.

Amokläufer Ein Mann sieht rot. Nach einer umstrittenen Entscheidung im Pokalspiel des VfB gegen Kaiserslautern im September 1993 verlor Axel Kruse die Besinnung. Der Stuttgarter Stürmer stieß den Schiedsrichter Osmers zu Boden. Als Folge davon wurde Kruse für acht Wochen gesperrt. Da ist er wieder zur Besinnung gekommen.

Ansturm Steigerung von Andrang. Das erlebte der VfB im Herbst 1996. Die Fans waren außer Rand und Band. Trainer

Joachim Löw mußte sogar Flugblätter verteilen, um zur Ordnung aufzurufen. Doch die Fans machten es nur den Spielern nach. Beim VfB standen die Zeichen auf Sturm.

Apfel

Arie Haan verschluckte sich daran, weil er den Mund zu voll genommen hatte. „Der Apfel verrottet von innen", sagte der Trainer am 25. März 1990. Das lag Gerhard Mayer-Vorfelder so schwer im Magen, daß er Haan einen Tag später entließ.

Ausländer, vier

Fast alles ist fremd. Aber die Mathematik funktioniert eigentlich überall gleich. Dennoch konnte Christoph Daum in England nicht auf drei zählen. Verbotenerweise wechselte der Trainer am 30. September 1992 im Europapokal bei Leeds United einen vierten ausländischen Spieler ein. Dadurch schied der VfB letztlich aus. Wer nicht zählen kann, muß fühlen.

Aussteiger

An der Endhaltestelle angelangt. Das war Helmut Benthaus, der den VfB 1984 zur deutschen Meisterschaft führte. Anschließend sollte er Nachfolger von Bundestrainer Jupp Derwall werden. Doch wenig später zog sich Benthaus aus dem Fußballgeschäft zurück. Er übernahm einen Job bei einer Versicherungsgesellschaft in der Schweiz. So stieg der Trainer Benthaus aus. Der Mensch Benthaus stieg jedoch nur um.

Auto-Korso

Führt zum Stau. Im Schrittempo fuhren die Spieler des VfB 1984 und 1992 durch die Stadt. Der deutsche Meister ließ sich feiern. Die Freude hatte sich lange angestaut.

Apfel

Berlin II

B

Badener-Lied Rührstück mit historischem Hintergrund. Den Text kennt Gerhard Mayer-Vorfelder im Schlaf, denn sein Geburtshaus stand in Mannheim. Dennoch singt der Präsident die Hymne der Badener vor den Auswärtsspielen des VfB in Karlsruhe und Freiburg nicht mit. MV fühlt sich schon lange als Schwabe.

Barcelona Spanische Großstadt, in welcher der Stierkampf gepflegt wird. Weil sich Christoph Daum am 30. September 1992 verzählte (siehe Ausländer, vier), mußte der VfB in Barcelona ein Entscheidungsspiel gegen Leeds United bestreiten. Ergebnis 1:2 – die Schwaben wurden auf die Hörner genommen.

Beförderung Lohn für gute Arbeit. Unter Rolf Fringer beendete der VfB die Saison 1995/96 auf dem zehnten Platz. Anschließend wurde der Coach zum Schweizer Bundestrainer befördert. Dafür war die Leistung gut genug.

Berlin I Berlin tut nicht gut. Hier kam der VfB im Pokalfinale 1986 gegen Bayern München mit 2:5 unter die Räder. Unter die Räder sind in Berlin freilich auch schon ganz andere gekommen.

Berlin II Berlin tut gut. Hier wurde die Grundlage zum Titelgewinn 1992 gelegt. Nach der 0:2-Niederlage am 8. Februar bei Hansa Rostock übernachtete der VfB auf dem Rückweg in der Hauptstadt. Die Spieler rauften sich erst zusammen, nachdem Trainer Christoph Daum den abendlichen Ausgang gestrichen hatte. So konnte nun wirklich keiner unter die Räder kommen.

Bildungsweg, zweiter

Letzter Ausweg für verhinderte Star-Kicker wie zum Beispiel Gerhard Wörn. Die Karriere des Fußballprofis stockte. Ende der 70er Jahre stand der Amateurnationalspieler beim VfB meist im zweiten Glied. Später ließ er sich zum Masseur ausbilden. In dieser Rolle ist Wörn beim VfB schon lange erste Wahl.

Blasebalg

Sorgt für frischen Wind. Rolf Fringer fühlte sich als Blasebalg. Er müsse immer kräftig pusten, damit das innere Feuer der Mannschaft nicht erlischt, meinte der Trainer im Herbst 1995. Pustekuchen. Kurz darauf ist Fringer die Luft ausgegangen.

Blau

Die „Blauen“ – das sind die Kickers, der Lokalrivale in Stuttgart. Bei dieser Farbe sieht der VfB rot.

Blockade

Festes Bollwerk. Weil die Spieler des VfB auf dem Platz blockierten, blockierten die Fans auf der Straße. Nach der 0:3-Niederlage am 11. Mai 1996 beim Hamburger SV ließen sie den Mannschaftsbus nicht aus dem Stadion fahren. Erst der neue Trainer Joachim Löw löste alle Blockaden wieder auf.

Blonder, großer

Preisverdächtiger Film. Für den französischen Schauspieler Pierre Richard war der „Große Blonde mit dem schwarzen Schuh“ eine Traumrolle. Der große Blonde des VfB hieß Dieter Hoeneß. Obwohl groß und blond, war dieser

Bildungsweg, zweiter

Manager für Präsident Gerhard Mayer-Vorfelder im April 1995 allerdings eine klassische Fehlbesetzung.

Boom

Grenzenloses Wachstum. Nach dem Aufstieg in die Bundesliga erlebte der VfB dieses Phänomen am eigenen Leib. In der Saison 1977/78 verfolgten durchschnittlich 54.000 Zuschauer die Spiele im Daimlerstadion, das damals noch Neckarstadion hieß. Die Bäume des VfB sind in den Himmel gewachsen.

Bravo

Zustimmender Zuruf. Bravo ist die Jugendzeitschrift „Bravo“ vor allem für die weiblichen Fans. Hansi Müller hat nicht nur glänzend Fußball gespielt. Er war auch eine sehr attraktive Erscheinung. So attraktiv, daß er sogar in der „Bravo“ abgebildet wurde. Sportlich brachte es der Schwarm der Teenies bis in die Nationalmannschaft. In den frühen 80er Jahren hat Müller vielen Mädchen den Kopf verdreht. Vielen Mädchen, aber auch vielen Gegenspielern.

Bruderliebe

Engste Familienbande. Zwischen 1990 und 1995 glühten die Telefonleitungen zwischen Stuttgart und München. Dieter Hoeneß war Manager des VfB, sein Bruder Uli hatte bei den Bayern die gleiche Funktion. Wenn Dieters Sekretärin ein Problem hatte, empfahl er ihr: „Rufen Sie mal die Frau Potthoff an.“ Frau Potthoff war zwar nicht Dieters Schwester, doch auch sie war Sekretärin. Die von Bruder Uli immerhin.

Budenzauber

Sause unter einem Dach. Das bietet der VfB seinen Fans alljährlich im Januar an. In der Schleyerhalle wird dann ein

Blonder, großer

Busenfreunde

Fußballturnier ausgetragen. Einen Dachschaden hat davon noch keiner bekommen.

Bundesländer, neue Bildeten im Frühjahr 1989 noch die DDR. Gegen Dynamo Dresden stand der VfB im Halbfinale des Uefa-Pokals. Im Duell Schwaben gegen Sachsen triumphierte Schwaben mit 1:0 und 1:1. Die Schwaben kamen den Sachsen irgendwie spanisch vor.

Busenfreunde Zwei Männer nehmen sich zur Brust. Gerhard Mayer-Vorfelder und Axel Dünnwald-Metzler verbindet nicht nur der Doppelname. Es verbindet sie auch die Liebe zu ihren Vereinen. MV ist Präsident des VfB, ADM führt die Stuttgarter Kickers. Zwischen den beiden Männern entstand eine Freundschaft, zwischen den beiden Klubs aber nicht.

C

Candy-Man Hitverdächtiger Song in den 60er Jahren. Daß Jürgen Röber als „Candy-Man“ bezeichnet wurde, hatte aber einen anderen Grund. Bei Süßigkeiten konnte der ehemalige Trainer des VfB nicht nein sagen. Doch die Zeit in Stuttgart war für die Naschkatze kein Zuckerschlecken.

Cannstatt Größter Vorort von Stuttgart. Über Cannstatt schwebt das Rote Dach des VfB. Und der gute Geist des Klubs dazu.

Cannstatter Kurve Verbindet im Daimlerstadion die Haupttribüne und die Gegengerade. Hier stehen unermüdlich die allertreuesten der treuen Fans. Wenn der VfB gewinnt, treibt es sie fast aus der Cannstatter Kurve.

Celine

Mädchenname. Im November 1996 wurde der Stuttgarter Nationalspieler Fredi Bobic zum erstenmal Vater. Der ursprünglich errechnete Geburtstermin seiner Tochter wurde allerdings um mehr als zwei Wochen überschritten. In die Fußstapfen des Papas dürfte C. deshalb später kaum treten. Denn für einen Torjäger zögerte sie einfach zu lange.

Champagner

Teures Getränk. Champagner konnte sich der VfB im Frühjahr 1976 eigentlich gar nicht leisten. Er nagte finanziell am Hungertuch. Dennoch stießen Präsident Gerhard Mayer-Vorfelder und Generaldirektor Ulrich Schäfer mit C. in einem Genfer Hotel mit dem neuen Trainer Jürgen Sundermann auf eine gute Zusammenarbeit an. Zuvor hatten die beiden Herren aus Stuttgart auf der Toilette nachgezählt, ob das mitgebrachte Geld noch reichte. Als Toilettenfrau mußten sie sich anschließend aber glücklicherweise nicht verdingen.

Chefeinkäufer

Bestimmt den Import. Früher war Heinz Hübner der Macher des VfB. Er kaufte die neuen Spieler. Mit diesen stieg die Mannschaft 1975 aus der Bundesliga ab. Fortan durfte Hübner nichts mehr kaufen.

Clenbuterol

Wird bei der Kälbermast verwendet. Christoph Daum bewegte sich im Reich der Tiere und schlug im September 1992 eine Brücke zu den Fußballprofis. Dabei hätte der Trainer doch wissen müssen, daß solche chemischen Mittel

Clenbuterol

Comeback

STOP! WER WEISS ?! VIELLEICHT KÖNNEN WIR'S NOCH MAL BRAUCHEN!
SUNDERMANN TRAINER
T. PLAßMANN

zur Leistungssteigerung in der Bundesliga verboten sind. Schließlich handelt es sich hier ja um Menschen.

Cleverle I

Schwäbische Dialektik. Steht für abgebrüht und gutmütig zugleich. So forcierte Lothar Späth einst seine politische Karriere. Bei Spielen zwischen dem VfB und den Kickers saß der baden-württembergische Ministerpräsident als Puffer zwischen den beiden Präsidenten Gerhard Mayer-Vorfelder und Axel Dünnwald-Metzler (siehe Derby). Das „Cleverle" hat sogar Fußballpolitik gemacht.

Cleverle II

So forcierte Jürgen Klinsmann seine sportliche Karriere. In seinen Vertrag beim VfB ließ er sich eine Klausel setzen, wonach er für eine relativ geringe Ablösesumme zu einem anderen Verein wechseln konnte. 1989 griff Inter Mailand zu. Das „Cleverle" hat sogar Finanzpolitik gemacht.

Comeback

Der Trainer kehrt zum Tatort zurück. Wie Jürgen Sundermann, der nach seinem Weggang vom VfB 1979 ein Jahr später und dann noch einmal 1995 ein Comeback versuchte. Doch weitere Glanztaten folgten nicht. Dabei war der Tatort noch derselbe.

Comeback, geplatztes

Nicht jeder kommt zurück. Als der VfB im Frühjahr 1995 einen Nachfolger für Trainer Jürgen Röber suchte, stand Gilbert Gress (siehe Friseur) zur Debatte. Doch schließlich erhielt Rolf Fringer den Vorzug. Was ziemlich lange für die Box-Weltmeister im Schwergewicht galt, galt auch für den Franzosen. Sie kommen nie zurück. Dabei war Gress ein Leichtgewicht.

D

Daimler, Gottlieb Erfand den dicken Daimler. Im Vorfeld der Leichtathletik-Weltmeisterschaften des Jahres 1993 beteiligte sich Daimler-Benz finanziell an der Renovierung des nach dem Neckar benannten Fußballstadions. Als Gegenleistung wurde die Arena schließlich umgetauft. Daimler geht nämlich nicht den Bach hinunter.

Dalli-Dalli Alles muß ganz fix gehen. Nicht nur im Ratequiz des verstorbenen Showmasters Hans Rosental. Dalli-Dalli machte Monika Sundermann, die Frau des Trainers Jürgen. Im Fernsehen assistierte sie Anfang der 80er Jahre Rosental, im richtigen Leben ihrem Mann.

Dauerbrenner Muß sein Licht eigentlich nicht unter den Scheffel stellen. 534 Spiele hatte Eike Immel bestritten, als ihn Trainer Rolf Fringer im Sommer 1995 zu Manchester City schickte. Nur fünf Bundesligaprofis haben mehr Einsätze auf ihrem Konto als der ehemalige Torhüter des VfB. Fringer stellte Immels Licht dennoch unter den Scheffel.

Debüt Wer wird denn gleich in die Luft gehen? Am 18. September 1994 hat Ante Covic abgehoben. Erstmals gehörte das Talent zum Aufgebot des VfB. Beim 4:1-Erfolg gegen Eintracht Frankfurt Mitte der zweiten Halbzeit eingewechselt, gab Covic keinem Geringeren als Andreas Köpke noch zweimal das Nachsehen. Vor Zorn wäre der Nationaltorhüter am liebsten im Boden versunken.

Daimler, Gottlieb

Dobre

Derby

Hat seine eigenen Gesetze. Meist sind Gerhard Mayer-Vorfelder und Axel Dünnwald-Metzler ein Herz und eine Seele (siehe Busenfreunde). Aber nicht, wenn sich der VfB und die Kickers im direkten Vergleich um die Vorherrschaft in Stuttgart streiten. Dann sind die beiden Präsidenten wie Hund und Katz.

Diego

Vorname. In Südamerika ungefähr so häufig verbreitet wie hierzulande Hans. Etwas seltener kommt Guido vor, aber dennoch lautet die schwäbische Antwort auf Diego Maradona aus Argentinien Guido Buchwald aus Stuttgart. Im WM-Finale 1990 stand Diego im Schatten von Guido. Auch deshalb gewann Deutschland mit 1:0. Danach wurde Guido nur noch Diego gerufen.

Diva, launische

Wenn der VfB nicht launisch wäre, dann wäre er auch keine Diva.

Dobre

Bulgarisches Wort für „gut“. Im Herbst 1996 war für den Stuttgarter Star Krassimir Balakov alles „dobre“. Das Schwabenland verstand plötzlich sogar Bulgarisch.

Dolmetscherin

Sprachgenie. Petra Zimmermann heißt die Dolmetscherin des VfB. Einer ihrer besten Kunden ist Krassimir Balakov. Gleich und gleich gesellt sich gern. Der Bulgare gilt als Ballgenie.

Doppelsieger

Doppelt genäht hält besser. Guido Buchwald und Günther Schäfer waren die beiden einzigen Spieler des VfB, die an den Titelgewinnen von 1984 und 1992 ihren Anteil hatten.

	Dadurch waren sie nicht nur Doppelsieger, sondern auch auch Doppelverdiener.
Drei	Begriff aus der Welt der Zahlen. Nach zwei kommt immer drei. Christoph Daum zählte jedoch: Eins, zwei, vier (siehe Ausländer, vier).
Dreieck, magisches	Das Dreieck des VfB kann zaubern. Krassimir Balakov, Fredi Bobic und Giovane Elber oder: Hacke, Spitze, eins, zwei, drei. Einfach bezaubernd.

E

Edelreservist	Muß immer draußen bleiben. Von 1987 bis 1996 war Eberhard Trautner der Ersatztorhüter des VfB. Dann wechselte er zu den Amateuren in die Oberliga. Trautner war nun außen vor, aber er mußte wenigstens nicht mehr draußen bleiben.
Edi	Kurzform von Edgar. Leute, die Dr. Edgar Stumpf besser kennen, sagen Edi. Der Mannschaftsarzt des VfB kümmert sich um jede Wunde. Ein Wunderheiler ist der Doktor deshalb aber noch lange nicht.
Ehrenamt	Nebenjob. Seit dem Beginn der 70er Jahre dient der Aufsichtsratsvorsitzende Heinz Bandke dem VfB. Im Nebenjob, aber nicht nebenbei.
Ehrenerklärung	Sag die Wahrheit. Wahr ist, daß der VfB-Präsident Gerhard Mayer-Vorfelder am 21. April 1995 erklärte: „Der Trainer

Dreieck, magisches

Eishockey

muß sich keine Sorgen machen." Wahr ist, daß Jürgen Röber vier Tage später seinen Posten los war. Wahr ist, daß sich der Coach um den VfB nun wahrhaftig keine Sorgen mehr machen mußte.

Einstand

Neues Spiel – neues Glück. Viel Glück hatte Jürgen Röber, weil der VfB im ersten Spiel unter der Leitung seines Trainers bei Bayern München im Februar 1994 mit 3:1 gewann. Doch schon 14 Monate später mußte Röber wieder gehen. Fußball ist ein Glücksspiel.

Einzelzimmer

Eignet sich für eine Singleparty. Tisch und Bett mußten sich Gerhard Mayer-Vorfelder und Ulrich Schäfer teilen, als sie im Frühjahr 1976 in einem Genfer Hotel mit Trainer Jürgen Sundermann verhandelten. Der VfB hatte kein Geld, so daß sich die Funktionäre keine zwei Einzelzimmer leisten konnten. Erst unter Sundermann haben die Schwaben wieder in Himmelbetten geschlafen.

Eishockey

Die Tore sind kleiner als im Fußball. Das ist aber nicht der Grund dafür, daß Franz Wohlfahrt eine Schwäche für Eishockey hat. In seiner Jugend fing der im Sommer 1996 von Austria Wien nach Stuttgart gekommene Torhüter nämlich selbst den Puck. Als Wohlfahrt größer wurde, stieg er auf Bälle um.

Eismeer-Zico

Naturereignis am Polarkreis. Für Fußball-Genies wie den früheren brasilianischen Weltstar Zico nicht geeignet. Aus dem hohen Norden stammte dagegen Asgeir „Zico" Sigurvinsson. Mit dem Spielmacher aus Island wurde der VfB

1984 deutscher Meister. Für Stuttgart war das fast schon ein Naturereignis.

Elfmeter Traumatisches Erlebnis. Die Angst des Torwarts vor dem Elfmeter mußte Eike Immel am 16. März 1989 ablegen. Denn gegen San Sebastian entschied ein Elfmeterschießen über den Einzug ins Halbfinale des Uefa-Pokals. Immel konnte den Ball zweimal parieren. Der VfB kam weiter, weil sein Keeper nicht träumte.

Entertainer Kann Leute unterhalten, wie es Arie Haan konnte. Zwischen 1987 und 1990 blieb beim VfB kein Auge trocken, wenn der Trainer seine Witze machte. Doch Haans letzte Pointe fand Gerhard Mayer-Vorfelder gar nicht mehr witzig (siehe Apfel).

Erfolgsdenken Alles wollen. Krassimir Balakov wollte alles, als er im Sommer 1995 von Sporting Lissabon nach Stuttgart kam. Der VfB ließ eine Plakatserie drucken. Die Aufschrift bestimmte Balakov selbst: „Ein bißchen? Ich will alles." Dem Bulgaren war nichts zuviel.

Euphorie Jeder will sich vergnügen. Trainer Joachim Löw entfachte beim VfB im Herbst 1996 eine Euphorie. Das Eintrittsgeld war gleichzeitig die Vergnügungssteuer.

Euphorie

EINMAL VERGNÜGUNGSSTEUER CANNSTATTER KURVE !!!
VfB
VfB
VfB
T. PLABUSCH

F

Fahrrad

Fortbewegungsmittel ohne Hilfsmotor. Willi Entenmann strampelte oft von seinem Wohnort zum rund 40 Kilometer entfernten Gelände des VfB. Nicht ganz soviel Ausdauer wie Entenmann mit dem Fahrrad hatte Gerhard Mayer-Vorfelder mit dem Trainer. Nach nur acht Monaten mußte dieser gehen.

Fallrückzieher

Manchmal ist Fußball wie Zirkus. Am 14. November 1987 wurde Jürgen Klinsmann zum Star in der Manege. Mit einem akrobatischen Fallrückzieher erzielte er das 1:0 beim 3:0-Sieg gegen Bayern München. Der Treffer wurde später zum „Tor des Jahres“ gewählt. Aber nicht nur deshalb war Klinsmann beim VfB immer der „Akrobat schöööön“.

Fernsicht

So weit das Auge reicht. Weitsichtig verlängerte der VfB am 1. November 1996 den Vertrag mit seinem bulgarischen Star Krassimir Balakov bis zum Jahr 2000. Alles andere wäre auch kurzsichtig gewesen.

Ferrari

Nobelkarosse. Bekannt war Maurizio Gaudinos Vorliebe für schnelle Autos. Als gebürtiger Italiener mußte es Ferrari sein. 1992 wurde der Mittelfeldspieler mit dem VfB deutscher Meister. Auch sportlich fuhr Gaudino damals auf der Überholspur.

Flop

Manchmal geht auch beim VfB etwas in die Hose. Wie die geplatzte Verpflichtung von Andreas Köpke. Im Juni 1996 wurde der Nationaltorhüter von Gerhard Mayer-Vorfelder

Flop

...IST ES MIR EINE GROSSE FREUDE, IHNEN HEUTE UNSEREN SPEKTA-KULÄREN NEUZUGANG VORSTELLEN ZU DÜRFEN: ANDREAS..
K.... ?!?!
GRUSS AUS MARSEILLE

Förster-Buben

bereits als Neuzugang vorgestellt. Aber plötzlich wollte Köpke nicht mehr. Er wechselte zu Olympique Marseille. Dennoch hat MV beim VfB weiter die Hosen an.

Flughafen

Danach wird abgehoben. Auf dem Flughafen in Manchester erfuhr Gerhard Mayer-Vorfelder von dem Mißgeschick Christoph Daums, der am 30. September 1992 im Europapokal in Leeds einen vierten Ausländer eingewechselt hatte (siehe Ausländer, vier). Der völlig ahnungslose Präsident fragte den verdatterten VfB-Direktor Ulrich Ruf, der schon Bescheid wußte: „Welche Laus ist Ihnen denn über die Leber gelaufen?“ Dieser antwortete: „Sie machen gleich dasselbe Gesicht.“ So ist MV schon vor dem Abflug aus allen Wolken gefallen.

Foda

Eigenname mit Beigeschmack. Franco Foda spielt seit 1994 beim VfB. Als der Brasilianer Giovane Elber diesen Namen erstmals hörte, hörte er nicht mehr auf zu lachen. In seiner Heimatsprache bezeichnet „Foda“ nämlich dasselbe wie der obszöne Kraftausdruck, der im Englischen mit dem gleichen Buchstaben beginnt.

Förster-Buben

Strammer Nachwuchs. Wie die Axt im Walde räumten die beiden Nationalspieler Bernd und Karlheinz Förster in den 80er Jahren den Strafraum des VfB auf. Dabei waren sie gar keine Holzhacker.

Friseur

Lebt von den Haaren anderer Leute. Ein Haar in der Suppe fand Albert Sing. Ende der 60er Jahre war dem Trainer die Mähne des Stars Gilbert Gress zu lang. Sing schickte den

Franzosen zum Friseur. Gress empfand das als Haarspalterei und wechselte nach Marseille.

Fritzle Das Maskottchen des VfB ist bezeichnenderweise ein Alligator. Bissig wie ihr Fritzle sollen sich auch die Spieler auf dem Platz präsentieren.

Führungskrise Versagen auf höchster Ebene. Führungslos taumelte der VfB im Frühjahr 1975 in Richtung zweite Liga. Präsident Hans Weitpert hatte gerade die Krise.

G

Geflügelbank Datei für das Federvieh. Haan und Ente(nmann) – so hieß von 1987 bis März 1990 das Trainergespann des VfB. Dann mußten die zwei von der Geflügelbank aber Federn lassen.

Gehaltsexplosion Rasche Vermehrung des Reichtums. In der Bundesliga würde der letzte Ersatzspieler noch mehr verdienen als ein Minister, klagte VfB-Präsident Gerhard Mayer-Vorfelder schon im Jahre 1995. Er muß es wissen. In den Haushaltsdebatten nagt der Finanzminister des Landes Baden-Württemberg nämlich am Hungertuch.

Geislingen Ausflugsziel. Was der kleine Ort am Fuß der Schwäbischen Alb mit dem VfB zu tun hat? Ziemlich viel. Denn in Geislingen sind Jürgen Klinsmann und Karl Allgöwer aufgewachsen, ehe sie auszogen, um die Herzen der Stuttgarter Fans zu erobern. Ihr Herz ist aber immer in Geislingen geblieben.

Fritzle

ES MACHT MICH NERVÖS! DIESES MASKOTTCHEN MACHT MICH NERVÖS!
GAST
T. PLAßMANN

Golan-Höhen

Glückssträhne

Russisches Roulette mit Happy-End. Schier endlos war das Glück, das dem VfB im Herbst 1996 lachte. Gegen Fortuna Köln, Hertha BSB Berlin und den SC Freiburg erreichte die Mannschaft erstmals seit 1989 wieder das Halbfinale des DFB-Pokals. Drei Siege, die erst im Elfmeterschießen errungen wurden. Genau wie beim russischen Roulette wurde scharf geschossen. Aber nicht mit Kugeln, sondern nur mit Bällen.

Goalie

Goal sagen die Engländer, wenn sie Tor meinen. Zu Jochen Rücker sagt jeder „Goalie". Früher stand der Mann selbst im Tor, und später trainierte er die Torhüter des VfB. Ein Tor war Rücker deshalb ganz und gar nicht. Schon eher ein „Goalie".

Golan-Höhen

Krisengebiet zwischen Israel und Palästina. Für Jochen Seitz stehen die Golan-Höhen Stuttgarts in Degerloch, der Heimat des Lokalrivalen Kickers. Auf Geheiß des Zeugwarts muß der Mannschaftsbus des VfB diesen Stadtteil immer möglichst weiträumig umfahren. Auf Panzerglas besteht Seitz aber noch nicht.

Grieche

Stolzer Südeuropäer. Gerassimos Germanakos hieß der Schiedsrichter, der am 5. Mai 1989 das erste Uefa-Pokal-Finale des VfB beim SSC Neapel leitete. Gleich nach der 1:2-Niederlage der Schwaben entschuldigte sich sogar der Europäische Fußball-Verband für die Vorstellung des Griechen, der einen völlig unberechtigten Elfmeter für Neapel gegeben und damit dem SSC zum unvermeidlichen

Sieg verholfen hatte. Germanakos wurde dafür lebenslänglich gesperrt. Das hat ihn in seinem Stolz getroffen.

Gute Tat Es gilt das praktizierte Wort. Nicht jeder steht auf der Sonnenseite des Lebens. Der VfB unterstützt tatkräftig eine Kinderkrebsklinik. Zudem besuchen die Spieler regelmäßig ein Stuttgarter Krankenhaus. Wenigstens in diesen Momenten scheint für die kleinen Patienten die Sonne.

H

Hackordnung Wie in einem Hühnerhaufen, in dem die Hähne am lautesten krähen, krähen seit dem Sommer 1996 Frank Verlaat, Fredi Bobic, Krassimir Balakov und Franz Wohlfahrt am lautesten. Sie bilden den neuen Spielerrat. Von einem Hühnerhaufen kann beim VfB jedoch nicht die Rede sein.

Hahnenkampf Wird auf dem Hühnerhaufen ausgetragen. Nach der Meisterschaft 1992 vertrugen sich Manager Dieter Hoeneß und Trainer Christoph Daum nicht mehr. Der eine achtete darauf, daß der andere nicht zuviel Lorbeer erntete. Bald erntete der VfB nur noch Mist.

Handicap Zweideutiger Begriff. Am 1. April 1990 wurde Dieter Hoeneß Manager des VfB. Doch er spielte auch gerne Golf, um dort sein Handicap zu verbessern. In den Augen von Gerhard Mayer-Vorfelder erwies sich das aber als ein Handicap für den VfB. Am 25. April 1995 stellte er Hoeneß deshalb ganz für den Golfsport frei.

Grieche

WAS IST DENN NUR LOS MIT DEN JUNGS?! "GEHEN WIR HEUT' ZUM GRIECHEN?" MEHR HAB' ICH DOCH NICHT GEFRAGT..?!!

Heimat, zweite

Handschlag Höfliches Begrüßungsritual. Jeden einzelnen Zuschauer hätte Gerhard Mayer-Vorfelder mit Handschlag begrüßen können, als der VfB während der Saison 1975/76 in der zweiten Liga dümpelte. Der Präsident hat es unterlassen. Mit Unhöflichkeit hatte das aber nichts zu tun.

Heimat, zweite Bietet Geborgenheit. Die große Familie des VfB ist für viele zu einer zweiten Heimat geworden. Aber nicht nur das hat der Verein der „Neuen Heimat" voraus.

Held, tragischer Hat im Prinzip alles richtig gemacht. Das machte Matthias Sammer in der Saison 1991/92 33 Spiele lang. Doch beim Finale am 16. Mai in Leverkusen wurde er in der zweiten Halbzeit vom Platz gestellt. Weinend flüchtete Sammer in die Kabine. Durch einen 2:1-Sieg gewann der VfB aber dennoch die deutsche Meisterschaft. Wenn Helden weinen, müssen die Folgen nicht tragisch sein.

Herbstball Der VfB tanzt im Herbst. Traditionell auf seinem offiziellen Ball – und oft auch mit dem Ball.

Hintermannschaft Geschlossener Abwehrblock. Die Hintermannschaft des VfB arbeitet auf der Geschäftsstelle. Die Angestellten passen darauf auf, daß die Profis abseits des Spielfeldes in keinen Konter laufen.

Hoflieferant Bedient die besseren Kreise. Die Stuttgarter Kickers bedienten den VfB. Zwischen 1977 und 1984 wechselten so Jürgen Klinsmann, Guido Buchwald, Karl Allgöwer und Walter Kelsch von „blau" zu „rot". Alle vier wurden dann auch noch Nationalspieler. Auch deshalb drehten sich die Kickers im Kreis.

Hubschrauber

Alles Gute kommt von oben. So wie der Hubschrauber, der Jürgen Röber im Trainingslager im Januar 1994 auf Madeira zum Golfplatz beförderte. Unten war der Trainer noch früh genug.

I

Immobilien

Bleibende Werte. Nach dem Gewinn der deutschen Meisterschaft 1984 baute der VfB ein neues, hochmodernes Klubzentrum. Manche nörgelten darüber, weil sie das viele Geld lieber in die Verstärkung der Mannschaft investiert hätten. „Spieler kommen und gehen, unsere Anlage bleibt", entgegnete Gerhard Mayer-Vorfelder. Der Präsident hätte auch als Immobilienmakler Karriere gemacht.

Indianer

Vom Aussterben bedrohte Ureinwohner Amerikas. Wo sind all die Indianer hin? Rolf Fringer ging auf den Kriegspfad und hat sie gefunden. In der Mannschaft wimmle es nur so davon, behauptete der Trainer im Frühjahr 1996. Fringer merkte gar nicht, daß er selbst auch nur ein Indianer war. Der Häuptling des VfB heißt Gerhard Mayer-Vorfelder.

Interaktion

Wechselbeziehung. Zwischen dem VfB und Inter Mailand glühten in der Vergangenheit die Drähte. Hansi Müller, Jürgen Klinsmann und Matthias Sammer verließen Stuttgart und schlossen sich dem italienischen Renommierverein an. Inter profitierte von der Interaktion.

Interaktion

Jubiläum

J

Jogger

Sehr schneller Geher. Jürgen Röber joggte. Nicht selten von seinem Wohnort bis zu dem zwölf Kilometer entfernt liegenden Trainingsgelände des VfB. Der Coach war ein Marathonmann. Manche behaupteten, Röber laufe mehr als seine Spieler.

Jogi

Kein neues Joghurt. Auch kein Zahlungsmittel auf dem Balkan. Korrekt müßte es Joachim heißen. Dabei handelt es sich um den Vornamen von Herrn Löw, der vier Tage vor dem Startschuß der Saison 1996/97 die Nachfolge des Trainers Rolf Fringer antrat. Mit Jogi konnte anschließend keiner den Jogi machen.

Jubiläum

Ein Jubilar ist sehr stolz auf sich. Am 2. April 1993 wurde der VfB 100 Jahre alt. Er mußte feiern, obwohl er zuvor gefallen war. Am Nachmittag verlor das Team gegen den Absteiger aus Uerdingen mit 1:2. Vor dem Bankett am Abend in der Liederhalle bot Trainer Christoph Daum seinen Rücktritt an. Der VfB war nicht sehr stolz auf sich.

K

Kanone

Kann Kleinkriege entscheiden. Ein faires Scharmützel trug Fritz Walter in der Saison 1991/92 mit den Stürmern der anderen Vereine aus. Am Ende wurde der Stuttgarter mit 21 Treffern Torschützenkönig der Bundesliga. Als Anerkennung gab es vom Deutschen Fußball-Bund für ihn die Imitation einer Kanone. Auf Spatzen hat Walter aber dennoch nie geschossen.

Kauderwelsch Sprachenwirrwarr. Viele Stars, die aus der Fremde kamen, verstanden nur Bahnhof. Sprachlich nicht integriert, waren sie auch auf dem Platz isoliert. Inzwischen ist das anders geworden (siehe Dolmetscherin). Beim VfB wird wieder Klartext gesprochen.

---

kinderlieb Ein Herz für die Kleinen hat Giovane Elber. In seiner fernen Heimatstadt Londrina gründete der brasilianische Stürmerstar des VfB für sie sogar eine Schule. Auf dem Fußballplatz verhält sich Elber selbst wie ein Kind, nämlich völlig unberechenbar.

Kokosnuß Südfrucht. Was ihn denn auf die Palme bringe, wurde Rolf Fringer bei seiner Präsentation in Stuttgart im Mai 1995 gefragt. „Kokusnüsse“, antwortete der Trainer. Da war Fringer noch im Bilde.

König Herrscht über sein Reich. „Wunderbar, dieser König“, schwärmte VfB-Präsident Gerhard Mayer-Vorfelder im Herbst 1990 über seinen Neuzugang. Dieser hieß eigentlich Ludwig Kögl, doch auf dem Platz war Kögl bisweilen wirklich ein König.

Kontaktlinsen Brille ohne Gestell. Dafür entschied sich Helmut Roleder, um den Durchblick nicht zu verlieren. Aber wenn im Neckarstadion das Flutlicht angemacht wurde, bekam es der Torhüter mit der Angst zu tun. Seine Linsen vertrugen keine grellen Strahlen. Dennoch brachte es Roleder bis zum

Kauderwelsch

Künstler

Nationalspieler. Er war gelegentlich geblendet, doch war er keinesfalls ein Blender.

Krawattenzwang

Vorstufe der Zwangsjacke. Für die feine Gesellschaft war das Erscheinen beim 100jährigen Jubiläum des VfB am 2. April 1993 zwingend erforderlich. Die Festrede hielt Lennart Johansson. Der höchste Fußball-Funktionär Europas lobte den Klub in den höchsten Tönen. Dabei war dieser gerade an einem Tiefpunkt angekommen (siehe Jubiläum). Aber Johansson stand unter einem Sachzwang.

Kumpeltyp

Auf du und du mit seinen Mitmenschen. Jürgen Röber führte die Spieler an der langen Leine. „Erwachsene Menschen kann man nicht wie kleine Kinder behandeln", sagte der im April 1995 entlassene VfB-Trainer. Mit dem Präsidenten Gerhard Mayer-Vorfelder war Röber aber immer per Sie.

Künstler

Manchmal freischaffend. Krassimir Balakov hat eine Vorliebe für schöne Gemälde, die er in seiner Galerie sammelt. Dabei ist der bulgarische Star des VfB selbst ein Künstler. Aber keiner für die Galerie.

Kunststück

Sticht sofort ins Auge. So wie das, was Günther Schäfer am 16. Mai 1992 in Leverkusen fabrizierte. Der Verteidiger bewahrte sein Team vor einem fast sicheren Gegentor, als er einen Schuß von Andreas Thon mit einem akrobatischen Fallrückzieher von der Linie schlug. Am Ende gewann der VfB mit 2:1 und war deutscher Meister. Schäfer gewann den inoffiziellen Wettbewerb um das „verhinderte Tor des Jahres".

Lampen

Kursaal

Größter Raum eines Kurhauses. Hier treffen sich die Kurgäste mit ihren Kurschatten. Alljährlich bittet Gerhard Mayer-Vorfelder die Mitglieder des VfB zur Versammlung in den Kursaal von Cannstatt. Auf ein Schattenkabinett ist der Präsident dabei noch nicht gestoßen.

L

Lackschuhe

Schmücken die Füße. Aus Mokassins könne man keine Lackschuhe machen, stellte Rolf Fringer im Frühjahr 1996 fest. Damit spielte der VfB-Trainer auf die Qualität seiner Mannschaft an. Doch unter Fringers Nachfolger Joachim Löw begannen sogar die Mokassins zu glänzen.

Lampen

Bringen Licht ins Dunkel. Im Volksmund heißt der VfB auch Klub der Lampen. Wahrscheinlich weil die Lichter noch nie ausgegangen sind.

Lech

Skischaukel am Arlberg. In diesem Ort verbrachte Jürgen Röber 1994 seine Weihnachtsferien. Wenig später war er nicht mehr Trainer des VfB. In diesem Ort verbrachte Rolf Fringer 1995 seine Weihnachtsferien. Wenig später war er nicht mehr Trainer des VfB. In diesem Ort verbrachte Joachim Löw 1996 seine Weihnachtsferien nicht.

Leitwolf

Führt das Rudel. Fredi Bobic führt den VfB. Der Nationalspieler gibt auf dem Platz und außerhalb davon die Richtung an. Auch dank des Leitwolfs ist die Mannschaft nicht auf den Hund gekommen.

Lexikon, wandelndes

Das VfB-Lexikon auf zwei Beinen heißt Loni Braun. Wenn die langjährige Chefsekretärin plaudern würde, kämen viele Dinge ans Licht. Aber Frau Braun ist eben nunmal keine Plaudertasche.

Lieblingsgegner

Ein gefundenes Fressen. Am liebsten würde der VfB immer gegen Borussia Mönchengladbach spielen. Im Herbst 1995 und 1996 gab es jeweils einen 5:0-Erfolg. Deshalb ist die Borussia in Stuttgart alles andere als unbeliebt.

Lotteriespiel

Einer wird gewinnen. Am 19. Mai 1984 zog Helmut Roleder das große Los. Sechs Wochen lang hatte der Torhüter des VfB wegen einer schweren Nierenverletzung gefehlt, ehe Trainer Helmut Benthaus in der für die Meisterschaft entscheidenden Partie bei Werder Bremen seinen Einsatz forderte. „Das hatte Ähnlichkeit mit einem Lotteriespiel", gestand Roleder. Der VfB gewann mit 2:1. Roleder hätte an diesem Tag auch noch Lotto spielen sollen.

Löwe

Raubtier. Zu allem fähig, wenn es gereizt wird. „Matthias Sammer ist auf dem Platz ein Löwe", sagte Willi Entenmann, der im Sommer 1990 der erste Trainer des früheren Dresdners in der Bundesliga war. Richtig gereizt wurde Sammer aber erst zwei Jahre später. Da führte er den VfB zur Meisterschaft.

Loyalität

Alles wissen und nichts sagen. Kein schlechtes Wort rutschte Joachim Löw über die Lippen, wenn er auf seinen Vorgänger Rolf Fringer angesprochen wurde. Er bezeichnete diesen sogar als sein Vorbild. Unter Androhung einer Geld-

Lieblingsgegner

Motivator

strafe verbot der Trainer zudem seinen Spielern, über Fringer zu schimpfen. Diese waren nämlich nicht immer so loyal.

M

Magglingen

Kuhnest. In diesem kleinen Ort in der Schweiz sagen sich Fuchs und Hase gute Nacht. Der VfB ist in Magglingen aber aufgewacht. Hier holte er sich im Trainingslager 1991 den Schliff für die deutsche Meisterschaft ein Jahr später. Gute Nacht hieß es damals nur für die Stuttgarter Gegner.

Maulkorb

Mundschutz. Im Frühjahr 1996 trugen die Spieler des VfB ihre Zwistigkeiten öffentlich aus. Bis Gerhard Mayer-Vorfelder ein echtes Machtwort sprach und eine allgemeine Schweigepflicht verordnete. Für die Profis war das auch ein Selbstschutz.

Meistermacher

Manche werden zum Meister gemacht. In der Saison 1985/86 machte der VfB Bayern München zum Meister. Am letzten Spieltag gewannen die Schwaben gegen Werder Bremen mit 2:1. Dadurch konnten die Bayern noch an Bremen vorbeiziehen. Aber Undank ist der Welt Lohn. Im Pokalfinale triumphierte München eine Woche später gegen Stuttgart mit 5:2. Selbst war der Meistermacher also nicht meisterhaft.

Motivator

Leistung setzt ein Motiv voraus. Für dieses sorgte Christoph Daum beim VfB. Er nämlich war der Motivator, der die Mannschaft 1992 zum Titelgewinn trieb. Wenig später beim

Europapokalspiel gegen Leeds United war Daum allerdings übermotiviert (siehe Ausländer, vier).

MV Vereinsinternes Kürzel. Seit April 1975 heißt der Präsident des VfB Gerhard Mayer-Vorfelder. Wenn die Zeit knapp ist, reicht auch MV.

N

Nachspiel Gibt dem Fußball die Würze. Am 1. Dezember 1996 beharkten sich die Spieler des VfB und des FC Bayern München in erster Linie verbal. Die Wort-Fetzen flogen. Auf dem Platz fehlte dem Duell die Schärfe. Die Partie endete 1:1. Vielleicht hatten die Profis ja auch nur ihre Kraft für danach gespart.

Nachtwandler Wird wach, wenn alles schläft. Das passierte Jürgen Röber zwischen 1993 und 1995 fast jede Nacht. Der Trainer träumte schlecht. Dabei war er gar kein Traumtänzer.

Nase, blutige Folge einer heftigen Auseinandersetzung. Über die Höhe der Ablösesumme für Thomas Strunz, der im Sommer 1995 vom VfB zu Bayern München wechselte, entbrannte zwischen den beiden Vereinen ein Streit. Bayern-Manager Uli Hoeneß drohte sogar, Mayer-Vorfelder werde sich eine blutige Nase holen, sollte er auf seinen Forderungen bestehen. Der Präsident des VfB nahm dies gelassen hin. Schließlich verdient er sein Geld nicht als Dressman.

Neapel Millionenstadt in Italien. Am 5. Mai 1989 verlor der VfB das Hinspiel des Uefa-Pokal-Finales beim SSC Neapel mit

Nase, blutige

1:2. Weil im Rückspiel nur ein 3:3 gelang, standen die Italiener als Gewinner fest. Doch der VfB gewann zumindest die Sympathien von Millionen.

Nebel Dicke Suppe. Am 8. Februar 1992 behinderte ein Grauschleier den Flugbetrieb zum Auswärtsspiel in Rostock. Auch auf dem Platz war der VfB benebelt. Die Mannschaft verlor mit 0:2, und die Träume von der Meisterschaft schienen geplatzt zu sein. Doch so schnell, wie der Nebel gekommen war, löste er sich auch wieder auf.

Norderney Ostfriesische Nordseeinsel. Hier verbrachte Joachim Löw 1996 seine Weihnachtsferien. Nach Lech (siehe dort) wollte der Trainer des VfB nicht.

O

Ofensetzer Handwerk hat goldenen Boden. Der Vater von Joachim Löw verdiente sein Geld als Ofensetzer. Vielleicht ist der Trainer des VfB auch deshalb immer auf dem Boden geblieben.

Olé Schlachtruf. Mit „Olé“ treiben die Fans den VfB nach vorne. Nur ganz selten heißt es auf dem Rückzug „Oje“.

Omen, schlechtes Stimmungstöter. Ein solcher war Manfred Rommel. Wenn der Stuttgarter Oberbürgermeister Spiele des VfB besuchte, wurden diese regelmäßig verloren. Am 31. Dezember 1996 ging Rommel nach 22 Jahren in Pension. Mit ihm ging auch das schlechte Omen.

Omen, schlechtes

Parmaschinken I

Opfer

Brachte Rolf Fringer, als er im Sommer 1995 seinen Dienst beim VfB antrat und der Trainer den langjährigen Torhüter Eike Immel ausmusterte. Frustriert wechselte dieser zu Manchester City. Doch mit Erfolgen wurde Fringer anschließend nicht entschädigt.

Opposition

Widerstand, gelegentlich sogar aus den eigenen Reihen. Dies war Gerhard Mayer-Vorfelder 21 Jahre lang fremd. Als der Präsident im Mai 1996 den Trainer Rolf Fringer kippen wollte, legten sich die Gefolgsleute aber quer. Seitdem weiß der Finanzminister des Landes Baden-Württemberg, daß es nicht nur in der Politik eine Opposition gibt.

P

Paragraph

Verordnung. Im Sommer 1996 wurde Gerhard Mayer-Vorfelder zum Paragraphenreiter. Thomas Schneider wollte den VfB verlassen. Obwohl der Vertrag des Abwehrspielers ausgelaufen war, ließ ihn der Präsident nicht gehen. MV fand ein juristisches Schlupfloch. Kein Wunder, nachdem er in jungen Jahren Jura studiert hatte.

Parmaschinken I

Delikatesse aus Italien. Es ist nicht bekannt, ob Guido Buchwald lieber Wurst oder Käse mag. Doch zum FC Parma wäre er gerne gegangen. Der italienische Klub lockte den Weltmeister im Jahr 1990. Aber der VfB ließ seinen damaligen Kapitän nicht gehen. Für Buchwald war das jedenfalls Käse.

Parmaschinken II

Nevio Scala muß diese Wurst einfach mögen. Denn der Trainer lebt in Parma. Der VfB wollte ihn im Sommer 1996 nach Stuttgart holen. Parma gab Scala aber nicht frei. Im nachhinein war das für den VfB Wurst.

Perle

Kostbares Schmuckstück. Im Sommer 1991 zog der VfB Slobodan Dubajic an Land. Der Libero von Proleter Zrenjanin kostete nur eine Ablösesumme von 250.000 Mark. Mit Dubajic wurde der VfB ein Jahr später deutscher Meister. Perlen müssen nicht unbedingt teuer sein.

Pilot

Hat sich den Traum vom Fliegen erfüllt. Die Passagiere legen ihr Schicksal in seine Hand. Rolf Fringer legte sein Schicksal in die Hand von Frank Verlaat. „Er ist mein Pilot“, meinte der Trainer. Doch im Frühjahr 1996 zog sich der Pilot eine langwierige Rückenverletzung zu. Der VfB stürzte ab, weil für Fringer im Cockpit nur Stewardessen saßen.

Pinocchio

Star für viele Kinder. Die Spieler des VfB mögen Pinocchio aber auch. So heißt ihr Stammlokal in der Stuttgarter Innenstadt. Wie Irrwische fegen sie schließlich auch über den Platz.

Popsong

Ohrwurm. Kassandra Verlaat ist nicht weniger begabt als ihr Mann Frank. Nur auf einem anderen Gebiet. Im Oktober 1996 trat sie als Interpretin eines Popsongs in Erscheinung. In der Abwehr des VfB sorgt aber Frank für die richtige Musik.

Pilot

Pub

Kneipe nach englischer Prägung. Darauf stand Dragan Holcer, den nicht wenige für den besten Libero halten, den der VfB je hatte. Nach dem Ende seiner Karriere Mitte der 80er Jahre wurde Holcer Wirt. Später kehrte er in seine Heimatstadt Split zurück, um dort ebenfalls einen Pub zu eröffnen. Dabei liegt Split gar nicht in England.

Pur

Schwäbische Erfolgsband mit vielen Fans. Ob die Gruppe noch beliebter ist als der VfB, ist heftig umstritten. Unstrittig ist Hartmut Engler einer der größten Fans des VfB. Spiele im Daimlerstadion sind für den Vorsänger von Pur purer Wahnsinn.

Q

Quark

Nahrungsmittel. Wird aus Milch gewonnen, ist eiweißreich und leicht verdaulich. Der VfB wirbt für die Produkte der Firma Südmilch. Alles Müller, oder was? Nein, alles in Butter.

R

Rasselbande

Sorgt für Paukenschläge. Mit viel Getöse stürmte der VfB 1977 zurück in die Bundesliga und hier gleich in die Spitzengruppe. Paukenschläge, die der Rasselbande von Trainer Jürgen Sundermann eingepaukt wurden.

Quark

Rentenvertrag

Redekunst Wer A sagt, muß auch B sagen. Die Spieler des VfB jonglieren perfekt mit dem Ball. Gerhard Mayer-Vorfelder jongliert perfekt mit Worten. Deshalb bleibt der Präsident auch immer am Ball.

Regeneration Auszeit für gestreßte Leute. Neue Kräfte sammeln, hieß es für den VfB 1975 nach dem Abstieg in die zweite Liga. Doch kraftlos beendete das Team seine erste Saison im Unterhaus auf dem elften Platz. Die Spieler hatten das Wort Regeneration zu wörtlich genommen.

Rentenvertrag Sichert die Altersversorgung. Der Fußballer wird schneller zum Rentner als ein Mensch in anderen Berufen. So spotteten einige über den Rentenvertrag, den Gerhard Mayer-Vorfelder im Frühjahr 1995 mit dem 30jährigen Thomas Berthold schloß. Der VfB garantierte seinem damaligen Kapitän für drei weitere Spielzeiten ein geregeltes Einkommen. Wie ein Rentner trat Berthold anschließend aber überhaupt nicht auf. Das werden viele Jüngere bestätigen.

Rocky Star eines Films mit mehreren Fortsetzungen. Im richtigen Leben stand der Boxer Graziano Rocchigiani stets im Schatten von Henry Maske. Axel Kruse stand zwischen 1994 und 1996 stets im Schatten von Giovane Elber und Fredi Bobic. Kein Wunder, nachdem sich der Stürmer des VfB „Rocky“ zum Vorbild genommen hatte. So war auch Kruse ein Schattenboxer.

roter Brustring Markenartikel. Die Gründerväter des VfB machten diesen Blickfang im Jahr 1893 zu ihrem Symbol. „Für mich hat der rote Brustring immer wie ein Signal gewirkt: Da kommen die Stuttgarter. Da kommt allerbeste Qualität“, sagte der frühere DFB-Präsident Hermann Neuberger einmal. Qualität, die man mit bloßem Auge erkennen kann.

Rotterdam Bekannt für seinen Hafen und seinen Fußball. Im April 1974 ging der VfB hier vor Anker. Mit dem Erreichen des Halbfinals im Uefa-Pokal sorgte die Mannschaft erstmals international für Furore. Doch Stuttgart schied aus. Insofern ging der VfB seinem Gegner aus Rotterdam auch auf den Leim.

S

Sabatini, Gabriela Attraktive Tennisspielerin. José Basualdo spielte gerne Fußball. Aber genauso gerne schaute er seiner Landsfrau Gabriela Sabatini beim Tennis zu. Mit der Nationalmannschaft Argentiniens wurde Basualdo 1990 Vizeweltmeister. Beim VfB wurde er schon ein paar Monate später von Trainer Christoph Daum ausgemustert. Dabei war Basualdo im Fußballtennis unschlagbar.

Schleifer Bringt Rohdiamanten in Form. Oder Fußballprofis, was Egon Coordes allerdings übertrieben hat. So machte sich der unerbittliche Trainer in der Mannschaft keine Freunde. Diese revanchierte sich mit schlechten Leistungen. Als der VfB am Ende der Saison 1986/87 nur zwölfter war, mußte Coordes gehen. Der Schleifer wurde selbst geschliffen.

Sabatini, Gabriela

Schnäppchen	Kaufanreiz. Der VfB machte ein Schnäppchen, als er Georg Volkert 1978 vom Hamburger SV verpflichtete. Der Linksaußen mußte sein Geld einfach wert sein. Volkert kostete nämlich nichts.
Schwabe, sparsamer	Manche Preußen nennen ihn geizig . Doch wer den Pfennig nicht ehrt, ist die Mark nicht wert. Ulrich Schäfer ehrt jeden Pfennig. Deshalb ist der Generaldirektor des VfB aber noch lange kein Pfennigfuchser.
Schwaben-Pfeil	Pfeile treffen oft mitten ins Herz. Der Schwaben-Pfeil war Dieter Hoeneß und traf oft mitten ins Tor. 1978 verließ der Stürmer den VfB, um zum FC Bayern München zu wechseln. Als Manager kam Hoeneß zwölf Jahre später zurück. Da traf er dann leider oft nicht mehr den richtigen Ton (siehe Handicap).
Schwaben-Streich	Nicht ganz ernst gemeinte Heldentat. Unter diesem Titel geben die Fans des VfB ihre eigene Zeitung heraus. Darin werden viele Dinge auf die Schippe genommen. Ganz wie es sich für die Schwaben gehört.
Schwejk	Romanfigur. Der brave Soldat Schwejk konnte von seinen Unzulänglichkeiten ablenken. Otto Baric ist das nicht lange gelungen. Nach jeder Niederlage des VfB forderte er neue Stürmer. Sogar Jürgen Klinsmann war vor dem Trainer nicht sicher. Im März 1986 wurde Baric nach nur neun Monaten entlassen. So auszusehen wie Schwejk genügte nicht. Im Fußball zählt das Sein und nicht der Schein.

Schwaben-Streich

Sitzfußball

Sechserpack

Sechs auf einen Streich. Am vorletzten Spieltag der Saison 1976/77 schoß Ottmar Hitzfeld sechs Tore zum 7:0-Sieg des VfB gegen Jahn Regensburg. Damit war der Aufstieg in die Bundesliga geschafft. Als Trainer führte Hitzfeld Borussia Dortmund 1995 und 1996 zur deutschen Meisterschaft. Zweimal nacheinander hat der VfB den Titel noch nie gewonnen. Aber es hat ja auch noch kein Stuttgarter Spieler sechs Tore in einem Spiel gegen Regensburg geschossen.

Senator

Einer aus dem „Rat der Alten". Am 7. August 1969 wurde Senator Hans Weitpert zum Präsidenten des VfB gewählt. „Ich will den Klub zur deutschen Meisterschaft führen", kündigte er bei seinem Amtsantritt an. Sechs Jahre später stieg der VfB ab. Weitpert hat alt ausgesehen.

Siegermentalität

Ausdruck einer Gesinnung. Den Begriff „mental" hat der Tennisprofi Boris Becker geprägt. Er ist ein Siegertyp. Unter Trainer Joachim Löw wurde auch der VfB im Herbst 1996 zu einem Siegertyp. Deshalb waren die Stuttgarter Spieler und Becker Gesinnungsgenossen.

Sitzfußball

Eine interessante Variante für Leute, die tief gefallen sind. Im Spiel am 9. Dezember 1995 beim Karlsruher SC landete Axel Kruse auf dem Hosenboden. Dennoch stocherte er den Ball zum 2:0 über die Torlinie. Danach ist der Stürmer des VfB aber wieder aufgestanden.

Sonnenbrille

Es besteht Verdunklungsgefahr. Eike Immel mußte sich allerdings nur wegen der dunklen Ringe unter seinen Augen tarnen. Die Spuren der Meisterfeier am 16. Mai 1992 standen dem Torhüter des VfB noch einen Tag später beim Autokorso durch die Stadt ins Gesicht geschrieben und er versteckte sich hinter einer dunklen Brille. Dennoch blieb für Immel nichts im Dunkeln.

Sonnyboy Ein Vetter des Playboys. Jürgen Klinsmann war ein Sonnyboy. In den 80er Jahren wurde der Torjäger des VfB zum Schwarm der weiblichen Fans. Doch von seinem Vetter hat er sich stets distanziert.

Sportdirektor Arbeitstier. Mit allen Vollmachten ausgestattet trat Rolf Fringer am 1. Juli 1995 sein neues Amt beim VfB an. Er war Sportdirektor, Trainer und Manager in einem. Diese Stelle hatte Gerhard Mayer-Vorfelder für ihn neu geschaffen. Aber schon bald sah Fringer über seine Arbeit nicht mehr hinaus.

Springer Schlagkräftige Schachfigur. Bei der 1:2-Niederlage des VfB am 2. November 1996 in St. Pauli erzielte Christian Springer beide Tore der Gastgeber. Dabei waren die Schwaben als Tabellenführer nach Hamburg gekommen. Doch dann setzte ein Springer den König matt.

Staatskanzlei Politischer Hort. Hier trifft der baden-württembergische Finanzminister Gerhard Mayer-Vorfelder aber nicht nur seine politischen Entscheidungen. Wenn es für einen Trainer brenzlig wird, zieht sich der VfB-Präsident mit seinen Vorstandskollegen ebenfalls gerne in dieses Domizil zurück. Dann wird Fußball-Politik gemacht.

Staatskanzlei

Sterne

Staubsauger	Putzhilfe. Für Trainer Christoph Daum mußten die Stürmer des VfB das Stehvermögen eines Staubsauger-Vertreters haben. Tausend Mal probiert, tausend Mal ist nichts passiert. Doch beim 1.001. Mal ist der Fisch geputzt.
Steelers	Keine Vereinigung von Stahlbauern. Am 9. Dezember 1996 ging der VfB aufs Eis. Für einen wohltätigen Zweck bestritten die Fußballer eine Partie beim Eishockey-Zweitligisten SC Bietigheim-Steelers. Aufs Glatteis ließ sich der VfB aber dennoch nie führen.
Sterne	Viele wollten schon danach greifen. Auf dem Balkon seines Hauses wähnte sich der frühere VfB-Trainer Willi Entenmann diesem Ziel ziemlich nahe. Mit einem Fernrohr beobachtete er gerne das Weltall. Im November 1990 wurde Entenmann entlassen. Anschließend konnte sein Nachfolger Christoph Daum nach den Sternen greifen.
Stollen	Werden unter die Kickstiefel geschraubt. Nach einem 4:1-Sieg im Hinspiel des Uefa-Pokals gegen Dukla Prag mußte der VfB im November 1978 diesen Vorsprung im Rückspiel verteidigen. Doch der Platz war schneebedeckt, und die für diesen Untergrund geeigneten Stollen fehlten im Gepäck der Schwaben. Die Mannschaft verlor mit 0:4 und schied aus. Deshalb hatte beim VfB aber keiner eine Schraube locker.
Strohfeuer	Brennt manchmal auf Sparflamme. Das passierte beim VfB unter Rolf Fringer. Einer glänzenden Vorrunde im Herbst 1995 folgte der Einbruch. Der Trainer konnte das Feuer

nicht mehr am Brennen halten. So mußte es sein Nachfolger Joachim Löw neu entfachen.

Strohmann Muß das Feuer löschen, ehe es brennt. Daß Joachim Löw im Sommer 1996 der Trainerschein fehlte, war für den VfB kein Problem. Es gab ja Rainer Adrion, und der Assistent hatte die Lizenz. Zusammen hatten Löw und Adrion sogar eine Lizenz für den Erfolg.

Stuttgarter Modell Sanierungskonzept. 1976 führte der finanziell angeschlagene VfB leistungsbezogene Verträge für seine Spieler in der zweiten Liga ein. Keine Siege, kaum Geld. Das Druckmittel wirkte. 1977 stieg die Mannschaft wieder in die Bundesliga auf. So waren nicht nur die Vereinsfinanzen, sondern auch die Spieler saniert.

T

Talentschmiede Gib der Jugend eine Chance. Das hat der VfB schon immer gemacht. Allein die A-Jugend wurde neunmal deutscher Meister. Spieler wie Hansi Müller, Karlheinz Förster, Fredi Bobic und Thomas Schneider durchliefen diese Schule und wurden später sogar Nationalspieler. Gelernt ist eben gelernt.

Talisman Eine Frage des Glaubens. Viele Fußballer glauben daran. Joachim Löw tut das nicht. Als der Trainer des VfB im August 1996 sein Amt übernahm, hatte er das Glück auch ohne Talisman gepachtet.

UND ?! ... SAG! ... WIE HABT IHR GESPIELT ?!!? ..
VERSTANDEN ! WIEDER EINTOPF !
T. PLAßMANN

Torpfosten

Torpfosten

Stützen die Querlatte. Die Kreativität kennt beim VfB keine Grenzen. Im Herbst 1996 brachte der Klub eine eigene Salami in den Handel. Sinnigerweise unter dem Etikett „Torpfosten". Fortan hieß es in Stuttgart nicht mehr „Bi-Fi muß mit".

Tränen

Folgen eines Trauerfalls. Gerhard Mayer-Vorfelder weinte, als der VfB 1977 den Wiederaufstieg in die Bundesliga geschafft hatte. Der Präsident weinte auch, als das Team 1992 deutscher Meister wurde. Doch in beiden Fällen handelte es sich um Freudentränen.

Treue

Ein Leben für den VfB. Seit Jahr und Tag bewacht Otto Münzinger die Autos der Spieler auf dem Parkplatz beim Klubgelände. Nach getaner Arbeit genehmigt er sich gerne ein Glas Wein. Das akzeptiert Münzinger als einzige Treueprämie des VfB.

Trikottausch

Ritual nach großen Spielen. Die Leibchen des Gegners gelten als beliebtes Souvenir. Im Frühjahr 1980 wollte Hansi Müller mit Lothar Buchmann tauschen. Nachdem der Nationalspieler wieder einmal ausgewechselt worden war, warf er sein Trikot dem Trainer vor die Füße. Sein letztes Hemd hätte Müller für Buchmann aber nicht gegeben. Die beiden waren Gegner.

Trollinger

Im Wein liegt die Wahrheit. Der Trollinger ist die Hausmarke des VfB. Wahr ist aber auch, daß vor den Spielen Gott sei Dank noch keiner zu tief ins Glas geschaut hat.

Turbo

Extremer Beschleuniger. In den 90er Jahren gehörte Andreas Buck zu den schnellsten Spielern der gesamten Bundesliga. Der Rechtsaußen des VfB lief die 100 Meter in elf Sekunden. Manchmal war Buck sogar schneller als der Ball.

Türkei

Beliebtes Urlaubsland. Aber Christoph Daum kam nicht, um Urlaub zu machen. Nach seinem Abschied vom VfB wechselte er im Januar 1994 zu Besiktas Istanbul. Der Trainer genoß den türkischen Honig. Schließlich wurde Daum in der Türkei auch nicht getürkt.

U

Uhrentick

Wem die Stunde schlägt. Jürgen Röbers Stunde schlug nach jeder Niederlage. Der abergläubische Trainer wechselte dann die Armbanduhr. Doch am 21. April 1995 war Röbers Uhr beim VfB endgültig abgelaufen.

Urgestein

Zeitlose Naturalie am immer gleichen Ort. 22 Jahre lang war Günther Schäfer das Urgestein des VfB. Aber im Oktober 1996 wechselte der Verteidiger zu Arminia Bielefeld. Schäfer ist ja auch bloß ein Mensch.

USA

Gelobtes Land. Nach dem Gewinn der deutschen Meisterschaft 1984 schickte der VfB seine Spieler zur Belohnung über den großen Teich. Diese empfanden es aber als Bestrafung und wären lieber über die Dörfer gezogen.

Uhrentick

Verbundenheit

V

Vasall

Geht mit seinem Meister durch dick und dünn. Wie Roland Koch, der Christoph Daum stets folgte. Köln, Stuttgart, Istanbul, Leverkusen – Daum war Trainer, Koch Assistent. Die Frage, wer zuerst da war, stellte sich nicht. Der Vasall kam immer gleichzeitig an. Gleichberechtigt war er allerdings nie.

Verbeugung

Stärkt die Rückenmuskulatur. So verabschiedete sich Christoph Daum im Dezember 1993 von den Zuschauern im Daimlerstadion. Er werde die Zeit beim VfB immer in guter Erinnerung behalten, sagte der Trainer. Daum hatte wohl völlig vergessen, daß ihm zuvor die Mannschaft mit vielen Niederlagen in den Rücken gefallen war.

Verbundenheit

Liebe geht durch den Magen. Ein VfB-Spiel ohne Julius Weller ist so undenkbar wie eine Pizza ohne Belag. In den letzten 25 Jahren hat der größte Fan des Klubs mehr als 1.000 Begegnungen gesehen. Stuttgarter Niederlagen liegen Weller immer besonders schwer im Magen.

Verlängerung

Währt lange. Am 3. Oktober 1979 mußte der VfB in die Verlängerung gehen. Nach dem 1:0-Hinspielsieg gegen den AC Turin lag die Mannschaft im Rückspiel der zweiten Uefa-Pokal-Runde nach der regulären Spielzeit mit 0:1 zurück. Dann schoß Hermann Ohlicher endlich den entscheidenden Treffer. Was lange währt, sind Erfolge in der Verlängerung.

Vorbild

OTTMAR!
OTTMAR
HITZFELD
OTTMAR!
TRAININGS
TIPS
VON
OTTMAR
HITZFELD
adidas
T. Plaßmann

VfB	Der Verein für Bewegungsspiele hat schon viel bewegt.
Viererkette	Vier Leute in Reih und Glied. Diese Kettenreaktion hatte Trainer Rolf Fringer seiner Abwehr verordnet. Doch dann kassierte der VfB in der Saison 1995/96 Gegentor um Gegentor. Das war in der Tat eine Kettenreaktion.
Volkslied	Spätestens seit Walter Scheel wieder hoffähig. Der frühere Bundespräsident schmetterte „Hoch auf dem gelben Wagen". Weniger hitverdächtig waren die Sangesstunden, die der VfB-Trainer Albert Sing im Frühjahr 1975 seinen Spielern verordnete. Doch unverdrossen übte Sing seine Melodien für Millionen, die keiner hören wollte. Am Ende stimmte der VfB das Klagelied an und stieg aus der Bundesliga ab.
Vorbild	Ist den anderen voraus. Als Trainer Rolf Fringer im Sommer 1995 zum VfB kam, bezeichnete er Ottmar Hitzfeld als sein Vorbild. Dieser war soeben mit Borussia Dortmund deutscher Meister geworden. Doch mit Hitzfeld konnte sich Fringer nicht messen. Das ist der Unterschied zwischen Vorbild und Ebenbild.
Votum	Volksabstimmung. Im Spätsommer 1996 konnten die VfB-Fans von Joachim Löw nicht genug bekommen. Nach jedem Spiel riefen sie: „Wir wollen den Trainer sehen!". Dabei war Löw zu diesem Zeitpunkt noch gar nicht offiziell im Amt. Aber gegen sein Volk wollte auch Präsident Gerhard Mayer-Vorfelder nicht lange regieren.

VW Er läuft und läuft und läuft. Soweit die Räder tragen. Ein Auto, das zu Jürgen Klinsmann paßt. Immer VW-Kabrio fahren. Dieses Modell hat sich für den Nationalspieler noch lange nicht totgelaufen.

W

Wackel-Willi Der Trainer, der in die Knie ging. Schon im September 1990 begann der Stuhl von Willi Entenmann zu wackeln. Doch erst im November kippte er um. Zwei Monate wackelte Willi. Dann hatte er ein Wackelknie.

Waldhotel Herberge mitten in der freien Natur. Im Waldhotel bereitete sich der VfB auf seine Heimspiele vor. Auf dem Platz standen anschließend meist die Gegner im Wald.

Waschfrau Wäscht anderen den Kopf. Oder die Wäsche, wie es Erika Balak seit Jahr und Tag für die VfB-Spieler tut. Schmutzige Wäsche in aller Öffentlichkeit hat sie aber noch nie gewaschen.

Wasen-Carlos Als es Karl Allgöwer nicht mehr gab, kam Carlos Dunga zum VfB. Weil der brasilianische Weltmeister von 1994 genauso scharf schießen konnte wie sein Vorgänger, wurde er bald Wasen-Carlos genannt. Doch 1995 ging Dunga nach Japan. Er hatte sein Pulver verschossen.

Wasen-Karle Ein Kuppelwort. Der Wasen ist das Gelände, auf dem der VfB seine Spiele austrägt. Karl Allgöwer war in den 80er

Waldhotel

Weichkekse

ER GEHT MIR AUF DEN KEKS MIT SEINEN TRAININGSMETHODEN!
WEICHKEKSE
WEICHKEKSE
KEKS
T. PLAßMANN

Jahren der Wasen-Karle. Mit Bällen hat er immer scharf geschossen. Doch Allgöwer hat auch mit Worten gepoltert. So scharf, daß es sogar dem Präsidenten Gerhard Mayer-Vorfelder bisweilen die Sprache verschlug. Der Nationalspieler war eben auf allen Gebieten ein Poltergeist.

Weichkekse Zergehen auf der Zunge. Als W. bezeichnete VfB-Trainer Christoph Daum im Jahr 1993 einige seiner jüngeren Spieler. Ob einer solchen Bemerkung mußten sich diese auf die Zunge beißen.

Weltmann Die Welt kennt ihn. Vor dem Uefa-Pokal-Finale im Mai 1989 wurden die Spieler des SSC Neapel gefragt, wen sie beim VfB am meisten fürchteten. Die Antwort war: Arie Haan. Dabei war das doch nur der Trainer.

Wiedersehen Macht Freude. Nach seinem Abschied von Stuttgart im Dezember 1993 mußte der Trainer Christoph Daum mit seinem neuen Klub Bayer Leverkusen am 18. Oktober 1996 erstmals wieder gegen den VfB antreten. Nach dem 0:0 wurde das Wiedersehen gefeiert. Man trifft sich eben immer zweimal. Ein Doppelleben hat Daum aber dennoch nicht geführt.

Wimpernschlag-Finale Spannung bis zum Happy-End. Vor dem letzten Spieltag der Saison 1991/92 lagen Eintracht Frankfurt, Borussia Dortmund und der VfB punktgleich an der Tabellenspitze. Doch Frankfurt verlor am 16. Mai 1992 in Rostock mit 1:2. Dortmund gewann zwar in Duisburg mit 1:0, was aber zuwenig war, weil der VfB nach dem 2:1 in Leverkusen die bessere Tordifferenz vorweisen konnte. Er war einen Wimpernschlag voraus.

Wir

Mehr als einer. Wenn Joachim Löw im Herbst 1996 nach dem Geheimnis der Erfolge gefragt wurde, wählte er den Plural. „Wir", war seine Antwort. So stand auch der Trainer nie alleine da.

Wunder, blaues

Zweimal machte der VfB blau. 1994 und 1995 schied die Mannschaft im Pokal gegen die Amateure des FC Bayern München und des SV Sandhausen aus. Die Spieler wollten nicht so recht malochen. Ihren Blaumann hatten sie zu Hause gelassen.

Wundermann

Zauberkünstler. Im Jahr 1977 führte der Trainer Jürgen Sundermann den VfB in die Bundesliga zurück. Eigentlich war das kein Wunder, doch weil sich sein Name gar so schön darauf reimen ließ, galt Sundermann plötzlich als Wundermann.

X/Y

X-Beine

Auffällige Verformung. Georg Volkert spielte den Gegnern des VfB in den frühen 80er Jahren Knoten in die Beine. Er selbst hatte X-Beine. Dennoch lebte Volkert als Fußballer auf großem Fuß.

Youngster

Schön ist die Jugendzeit. Im November 1973 wurde der 18jährige Bernd Martin im Uefa-Pokal-Achtelfinale gegen

X-Beine

Zahlenmeister

Dynamo Kiew eingewechselt. Sein internationales Debüt krönte er mit dem Treffer zum 3:0, der den VfB in die nächste Runde brachte. Anschließend war Martin immer noch ein Youngster, aber kein heuriger Hase mehr.

Yuppie

Junger Aufsteiger. Im Frühjahr 1996 wollte Trainer Rolf Fringer seinen Abwehrspieler Thomas Schneider noch verkaufen. Doch Präsident Gerhard Mayer-Vorfelder legte sein Veto ein. Kurz darauf gehörte Schneider schon zum Kreis der Nationalmannschaft. Er war 23 Jahre alt. Da ist es auch für einen Yuppie noch nicht zu spät.

Z

Zahlenmeister

Herr über Wurzeln und Brüche beim VfB ist Ulrich Ruf. Kopfrechnen ist bei ihm aber nicht unbedingt gefragt. Dazu ist das Erstellen der Bilanz zu kompliziert. Der VfB-Direktor benutzt einen Taschenrechner und gilt als Mann mit Köpfchen. Bei Ruf geht die Gleichung immer auf.

Zankapfel

Thomas Berthold wurde beim VfB zum Zankapfel zwischen Gerhard Mayer-Vorfelder und Rolf Fringer. Der Präsident war für den Weltmeister von 1990, der Trainer gegen ihn. Letztlich wurde der Abwehrrecke als Kapitän abgelöst, durfte aber beim VfB bleiben. Dafür mußte Fringer gehen.

Zeugwart

Das „Mädchen für alles". Bei den Fußballern ist das meist ein Mann. Jochen Seitz macht diesen Job beim VfB schon so lange, daß er gar nicht mehr weiß, wie viele Trainer in dieser Zeit gekommen und gegangen sind. Der Zeugwart sitzt zwar auf keinem Schleudersitz, dafür verdient er aber auch nicht so viel Geld.

Zukunftsmusik

Zitter-Spiel. Bis zum Jahr 2000 soll in Stuttgart ein reines Fußballstadion stehen, in dem der internationale Topklub VfB zu Hause ist, wünscht sich Gerhard Mayer-Vorfelder. An Zitter-Spiele ist der Präsident ja gewöhnt.

Zylinder

Werden von vornehmen Männern bei Beerdigungen getragen. Im Mai 1975 stand der VfB schon vor dem letzten Spieltag als Absteiger fest. Den 3:2-Erfolg zum Abschluß gegen Rot-Weiß Essen erlebten nur noch 5.000 Zuschauer mit. Viel e davon mit schwarzen Zylindern auf dem Kopf. So war es wenigstens eine Beerdigung Erster Klasse.

Fröhliche Wörterbücher von A-Z
Ab·itur
ab·neh·men
Aka·de·mi·ker
an·geln
Apo·the·ke
Ar·chi·tek·tur
Au·to fah·ren
Ba·bys
Bank & Bör·se
Bas·ket·ball
Bauch·tan·zen
Be·am·te
berg·stei·gen
Bier trin·ken
Bil·lard
BMW fah·ren
Büro
bü·ro·kra·teln
Bun·des·li·ga
Bun·des·wehr
TOMUS

Fröhliche Wörterbücher von A-Z

Fröhliche Wörterbücher von A-Z

Fröhliche Wörterbücher von A-Z